I0157830

Todos los libros de Linkgua Ediciones cuentan con modelos de Inteligencia Artificial entrenados por hispanistas. Pregúntale al chat de tu libro lo que desees acerca de la obra o su autor/a.

Para ebooks: Accede a nuestro modelo de IA a través de este enlace.

Para libros impresos: Escanea el código QR de la portada con tu dispositivo móvil.

Obtén análisis detallados de nuestros libros, resúmenes, respuestas a tus preguntas y accede a nuestras ediciones críticas generativas para una experiencia de lectura más enriquecedora.
La transparencia y el respeto hacia la autoría de las fuentes utilizadas son distintivos básicos de nuestro proyecto. Por ello, las respuestas ofrecen, mediante un sistema de citas, las fuentes con las que han sido elaboradas.

Josefa Amar y Borbón

Discurso en defensa del talento de las mujeres

y de su aptitud para el gobierno, y otros cargos

en que se emplean los hombres

Barcelona 2024

Linkgua-ediciones.com

Créditos

Título original: Discurso en defensa del talento de las mujeres.

© 2024, Red ediciones S.L.

email: info@linkgua.com

Diseño de la colección: Michel Mallard.

ISBN rústica ilustrada: 978-84-9953-6019.
ISBN ebook: 978-84-9897-902-2.

Cualquier forma de reproducción, distribución, comunicación pública o transformación de esta obra solo puede ser realizada con la autorización de sus titulares, salvo excepción prevista por la ley. Diríjase a CEDRO. (Centro Español de Derechos Reprográficos, www.cedro.org) si necesita fotocopiar o escanear algún fragmento de esta obra.

Sumario

Brevísima presentación

La vida

Josefa Amar y Borbón (1749-1833). España. Era hija del médico de cámara de Fernando VI, José Amar, y de Ignacia de Borbón; emparentada con el conde de Aranda. Se casó a los veintitrés años con Joaquín Fuentes Piquer, hombre bastante mayor que ella que murió en 1798.

En 1782 fue nombrada socia de mérito de la Real Sociedad de Amigos del País de Zaragoza; en 1787 entró en la Junta de Damas, vinculada a la Real Sociedad de Madrid, y poco después en la Real Sociedad Médica de Barcelona. Se dedicó a la traducción de obras extranjeras, sobre todo científicas.

Sabía latín, griego, italiano, inglés, francés, portugués, catalán y un poco de alemán. Conocía las obras de los ilustrados e ideólogos franceses y la de John Locke y fue una laica convencida.

Defendió la independencia femenina mediante los discursos que escribió y pronunció entre 1786 y 1790: *Discurso en defensa del talento de las mujeres* (1786), *Oración gratulatoria... a la junta de Señoras* (1787) y *Discurso sobre la educación física y moral de las mujeres* (1790); en los que proclamó la igualdad entre ambos sexos.

Discurso en defensa del talento de las mujeres

1°   Cuando Dios entregó el mundo a las disputas de los hombres, previó, que habría infinitos puntos, sobre los cuales se altercaría siempre, sin llegar a convenirse nunca. Uno de estos parece que había de ser el entendimiento de las mujeres. Por una parte los hombres buscan su aprobación, les rinden unos obsequios, que nunca se hacen entre sí; no las permiten el mando en lo público, y se le conceden absoluto en secreto; las niegan la instrucción, y después se quejan de que no la tienen: Digo las niegan, porque no hay un establecimiento público destinado para la instrucción de las mujeres, ni premio alguno que las aliente a esta empresa. Por otra parte las atribuyen casi todos los daños que suceden. Si los héroes enflaquecen su valor, si la ignorancia reina en el trato común de las gentes, si las costumbres se han corrompido, si el lujo y la profusión arruinan las familias, de todos estos daños son causa las mujeres, según se grita. Estas mismas tampoco están de acuerdo sobre su verdadera utilidad. Apetecen el obsequio y el incienso; están acostumbradas de largo tiempo a uno y a otro; pero no procuran hacerlo más sólido, mereciéndolo de veras, como sucedería, si a las gracias exteriores, y pasajeras, que ahora cultivan, uniesen las intrínsecas y duraderas.

2° A la verdad, tanto los aplausos, y obsequios de los hombres, cuanto los cargos que atribuyen a las mujeres, son una tácita confesión del entendimiento de éstas; porque de otra suerte no buscarían su aprobación, y agrado, ni las supondrían de ocasionar ningún trastorno. La influencia buena o mala de un agente en otro, incluye necesariamente virtud, y potencia en el que hace esta variación: una causa más débil, no puede mudar, ni atraer a sí la más fuerte. Con que si los vicios de las mujeres tienen tanto imperio sobre los hombres, convengamos en la igualdad física, sin negar por esto las excepciones que convienen a cada sexo.

3° Pero sin embargo de unas suposiciones tan justas, parece que todavía se disputa, sobre el talento, y capacidad de las mujeres, como se haría sobre un fenómeno nuevamente descubierto en la naturaleza, o un problema, difícil de resolver. ¿Mas qué fenómeno puede ser éste, si la mujer es tan antigua como el hombre, y ambos cuentan tantos millares de años de existencia sobre la tierra? ¿Ni qué problema después de tantas y tan singulares pruebas, como han dado las mismas mujeres de su idoneidad para todo? ¿Cómo es posible que se oigan nuevas impugnaciones sobre esta verdad? Pues ello es cierto, que se oyen, y que son de tal naturaleza, que no debemos desentendernos de ellas, porque acreditan, que no está aun decidida la cuestión.

4° No contentos los hombres con haberse reservado, los empleos, las honras, las utilidades, en una palabra, todo lo que pueden animar su aplicación y desvelo, han despojado a las mujeres hasta de la complacencia que resulta de tener un entendimiento ilustrado. Nacen, y se crían en la ignorancia absoluta: aquéllos las desprecian por esta causa, ellas llegan a persuadirse que no son capaces de otra cosa y como si tuvieran el talento en las manos, no cultivan otras habilidades que las que pueden desempeñar con estas. ¡Tanto arrastra la opinión en todas materias! Si como ésta da el principal valor en todas las mujeres a la hermosura, y el donaire, le diese a la discreción, presto las veríamos tan solícitas por adquirirla, como ahora lo están por parecer hermosas, y amables. Rectifiquen los hombres primero su estimación, es decir, aprecien las prendas, que lo merecen verdaderamente, y no duden que se reformarán los vicios de que se quejan. Entretanto no se haga causa a las mujeres, que solo cuidan de adornar el cuerpo, porque ven que éste es el idolillo, a que ellos dedican sus inciensos.

5° ¿Pero cómo se ha de esperar una mutación tan necesaria, si los mismos hombres tratan con tanta desigualdad a las mujeres? En una parte del mundo son esclavas, en la otra dependientes. Tratemos de las primeras. ¿Qué progresos podrán hacer estando rodeadas de tiranos, en lugar de compañeros? En tal estado les conviene una total ignorancia, para hacer menos pesadas sus cadenas. Si pudieran desear alguna cosa, o hacer algún esfuerzo, debería ser para que se instruyesen, y civilizasen aquellos hombres, esperando que el uso de la razón rompería los grillos, que mantiene ahora la ignorancia. La ruina de ésta, produciría la de aquella esclavitud. ¿Mas cómo compondremos el desprecio que hacen de las mujeres, éstos, que las tienen como esclavas, con la solicitud que ponen en adquirir el mayor número que pueden mantener, y con el cuidado que les cuesta el agradarlas? ¿Por qué las desechó Mahoma del paraíso, que promete a los suyos? ¿No es esto semejarlas a los brutos, que perecen, o se extinguen con la vida? Pero si tales delirios no merecen refutación, porque sería honrarlos demasiado, menos podrán citarlos nuestros contrarios, para deducir de la esclavitud en que gimen ciertas mujeres, la inferioridad de su talento. Si valiera este argumento, también se pudiera convertir contra los mismos hombres, porque entre ellos, hay unos esclavos de los otros, y no diremos por eso, que los primeros son casi irracionales. Diremos, si, que la fuerza, destruye la igualdad, y borra la semejanza de unos a otros. De poco servirá que la aptitud sea la misma en el esclavo, que en su Señor, si la opresión en que está, le impide usar de su derecho, y de su razón. Pónganse los dos en un perfecto nivel, y entonces se podrá hacer juicio recto. La violencia no puede establecer leyes universales: así sujétense en hora buena las mujeres que han nacido, y se han criado en el país de la tiranía, y de la ignorancia; la necesidad las obliga a ello por ahora, pero no pretendan degradar al sexo en general.

6° Distinta vista ofrece la situación de este, en otra gran parte del mundo. Las mujeres, lejos de tener el nombre de esclavas, son enteramente libres, y gozan de unos privilegios que se acercan al extremo de veneración. Así la Religión como las leyes, prohiben al hombre la multiplicidad de mujeres. Por este medio se fija toda la posible conformidad entre ambos sexos; y esta contribuye a que se miren mutuamente con aprecio y estimación. Aun han hecho mas los hombres en favor nuestro, porque casi se han quedado solo con el nombre de la autoridad que les dan los empleos, y las riquezas, tributando todos los hombres a las mujeres. ¡Qué generosidad! ¡Qué grandeza de ánimo, podemos exclamar aquí pero al mismo tiempo, qué contradicción! Aquí entra el estado de dependencia, que se ha indicado arriba. Los hombres instruidos y civiles, no se atreven a oprimir tan a las claras, a la otra mitad del género humano, porque no hallan insinuada semejante esclavitud en las leyes de la creación. Pero como el mandar es gustoso, han sabido arrogarse cierta superioridad de talento, o yo diría de ilustración, que por faltarle a las mujeres, parecen éstas sus inferiores. Hay pocos, que en tocándose el punto de la aptitud, y disposición intelectual, concedan a éstas, la que se requiere para ilustración del entendimiento. Saben ellas que no pueden aspirar a ningún empleo, ni recompensa pública; que sus ideas no tienen más extensión que las paredes de una casa, o de un Convento. Si esto no es bastante para sufocar el mayor talento del mundo, no sé qué otras trabas puedan buscarse. Lo cierto es, que sería mejor ignorarlo todo, y carecer hasta del conocimiento, que sufrir el estado de esclavitud o dependencia. El segundo viene a ser casi más sensible, por la contraposición de obsequio, y desprecio; de elevación, y de abatimiento; de amor y de indiferencia; cuyos afectos van unidos con la conducta que observan los hombres con las mujeres. ¿Por ventura negarán estas mismas la alternativa de halagos, y repulsas, de obsequios, y desdenes, que experimentan cada día? ¿No son hoy Jueces, y mañana reos? ¿No se las trata en un tiempo como deidades, y en otro casi como irracionales? ¿No reciben unas veces adoraciones, y homenajes, siendo su gusto la ley, su aprobación la que satisface los deseos de un escritor, la que adorna los laureles de un conquistador, y colma la gloria de un héroe? Pero no se desvanezcan por esto las mujeres, porque los mismos hombres que las tratan de esta manera, gritaran después en una Asamblea, que no tienen discernimiento, que no saben estimar las cosas buenas y sólidas, y que se dejan arrastrar de una vana y frívola apariencia.

7°   Una discordancia tan notable, me ha hecho pensar muchas veces ¿qué fundamento pueden tener los hombres para la superioridad que se han arrogado, principalmente en los dotes del ánimo? La creación de unos y de otros, es la que puede dar alguna luz. ¿Pero qué descubrimos en ella? Que Dios crió a Adán, y este hecho menos luego una compañía semejante a él: cuya compañía se le concedió en la mujer. ¿Puede desearse prueba más concluyente de la igualdad y semejanza de ambos, en aquel primer estado? ¿Hay en todo esto alguna sombra de sujeción, ni dependencia de uno a otro? Es verdad, que el hombre fue criado primero, y fue criado solo, pero poco tardó en conocer, que no podía vivir sin compañera, primera imagen del matrimonio, y primera también de una perfecta Sociedad.

8°   Si pasamos después a considerar lo que sucedió en la caída de nuestros primeros Padres, no hallaremos degradada a la mujer de sus facultades racionales. El abuso que de ellas hizo, fue su pecado, el de Adán, y el de toda su posteridad. ¿Mas sin disculpar este atentado, quien negará que la mujer precedió al hombre en el deseo de saber? Aquella fruta que les había sido vedada, contenía la ciencia del bien y del mal. Eva no resistió a estas tentaciones, antes persuadió a su marido, y el cometió por condescendencia el pecado, que aquélla empezó por curiosidad. Detestable curiosidad por cierto; pero la curiosidad suele ser indicio de talento, porque sin él nadie hace diligencias exquisitas para instruirse.

9°   Tampoco la justa pena que se impuso a entrambos, derogó en nada sus facultades intelectuales. Si el hombre puede trabajar sin perder por eso la aptitud para las ciencias, también la sujeción de la mujer es respectiva. Debería bastarle al primero ser cabeza de familia, y estar en posesión de los empleos, sin pretender dar más extensión a su dominio. Porque aun admitido en estos casos, no siempre es prueba concluyente de superioridad de talento. Los mismos hombres, no son, ni pueden ser todos iguales. Es preciso que haya unos que manden a los otros, y sucede no pocas veces, que al de más ingenio, le toca la suerte de obedecer, y respetar al que tiene menos. Así las mujeres podrán estar sujetas en ciertos casos a los hombres, sin perder por eso la igualdad con ellos en el entendimiento.

10°   Si esta igualdad se ve indicada en la creación, mejor podrá probarse por los testimonios que han dado las mismas mujeres. Es cierto, que el talento, o la inteligencia, así como es la parte superior que hay en nosotros, es también la parte incomprensible, que solo se puede conocer por los efectos. En este supuesto si los hombres acreditan su capacidad por las obras que hacen, y los raciocinios que forman, siempre que haya mujeres, que hagan otro tanto, no será temeridad igualarlos, deduciendo que unos mismos efectos suponen causas conformes. Si los ejemplos no son tan numerosos en éstas, como en aquellos, es claro que consiste en ser menos las que estudian, y menos las ocasiones, que los hombres las permiten de probar sus talentos.

11°   Ninguno que esté medianamente instruido, negará que en todos tiempos, y en todos países, ha habido mujeres que han hecho progresos hasta en las ciencias más abstractas. Su historia literaria puede acompañar siempre a la de los hombres, porque cuando éstos han florecido en las letras, han tenido compañeras, e imitadoras en el otro sexo. En el tiempo que la Grecia fue sabia, contó entre otras muchas insignes, a Theano, que comentó Pitágoras, a Hiparquia, que excedió en la filosofía y matemática a Theón, su padre y maestro; a Diotima, de la cual se confesaba discípulo Sócrates. En el Lacio, se supone haber inventado Nicostrata las Letras Latinas, las cuales supieron después cultivar varias mujeres, entre otras Fabiola, Marcella y Eustequia. En Francia es largo el catálogo de literatas insignes, y cuando otras no hubiera, bastarán los nombres de la marquesa de Sebigné, de la condesa de la Fayette, y de Madama Dacier, para acreditar que se han distinguido igualmente que sus paisanos insignes. En el día continúan varias señoras, honrando su sexo con los escritos, como puede verse en la *Década Epistolar* de don Francisco María de Silva. En la Rusia florecen en el día las letras, pero si esta revolución tan gloriosa se debe a los esfuerzos del zar Pedro el Grande, los continúa la actual zarina Catalina II, la cual ha escrito el *Códice de las Leyes*, obra que no se puede alabar bastantemente, y una novela moral y sabia, dirigida a la instrucción de sus nietos: ambas obras las ha escrito en francés, cuyo Idioma posee con tal gracia y finura, a que llegan pocos de los mismos Franceses. Esta insigne mujer sería injusta, si conociendo por su misma experiencia, de cuanto es capaz su sexo, no le honrase como merece. Pero no hay que hacerla este cargo, porque premia el mérito donde quiera que le encuentra. Así se verifica en la princesa de Askoff, heroína ilustre, la cual después de haber manifestado a las tropas rusas su espíritu marcial, sabe como otra Minerva todas las ciencias, y por ello y por su numen poético, la ha elegido su Soberano para cabeza y presidenta de la Academia Real de las Ciencias de Petersburgo.

12°   En España no se han distinguido menos las mujeres, en la carrera de las letras. Si se hubiera de hablar de todas, con la distinción que merecen, formarían un libro abultado. Las más acreditadas son Luisa Sigea, Francisca Nebrija, Beatriz Galindo, Isabel de Joya, Juliana Morrell, y Oliva de Sabuco. Esta última fue inventora de un nuevo sistema en la Física. También se pudiera hacer mención aquí de algunas Señoras ilustres, que honran en el día las letras, pero es tan notorio su mérito, que tengo por ocioso expresarlo en este papel. El de las mujeres en general puede verse más extensamente en la obra de Mr. Tomás, intitulada, «Ensayo sobre el carácter, costumbres y entendimiento de las mujeres», y en tantas otras como son: «mujeres ilustres, mujeres celebres; Tratado de la educación de las mujeres; El Amigo de las mujeres; Las mujeres vindicadas», etc.

13°   Si se han distinguido en las letras, no han acreditado menos su prudencia en el gobierno en los negocios públicos cuya prenda es la que más se les disputa. Pero no se la disputaban tanto los antiguos cuando los lacedemonios se servían en sus acciones, del consejo de las mujeres, y nada ejecutaban sin consultarlas. Los atenienses, querían que en los asuntos que se proponían al Senado, diesen ellas su parecer, como si fueran sabios y prudentes senadores. El voto de estos dos pueblos, tan recomendables por todas circunstancias, debería decidir el pleito a favor de las mujeres, y más habiendo ellas justificado en todo tiempo este concepto, pues casi todas las que han estado en precisión de mandar pueblos enteros lo han hecho con acierto: consúltense las historias generales, y particulares para ver si en igual número de reyes, o de reinas, que han regido estados, se hallan tantos héroes, como heroínas. Tratando de éstas, merece el primer lugar Débora, porque gobernó el pueblo de Israel, porción escogida de Dios, y que como tal, debe fundar opinión para todo. Esta mujer pues, entra en el catálogo de los jueces de Israel, se sentaba como ellos a administrar justicia y acaudillaba el ejército. Gemiamira, madre de Eliogabalo, concurría al Senado a dar su parecer por su prudencia y sabiduría. Si se quieren ejemplos más modernos, todos saben la prudencia de la reina católica doña Isabel, que aunque no gobernó sola, intervino en todas las cosas grandes que se hicieron en su tiempo; en Inglaterra las dos reinas Isabel y Ana, han contribuido tanto como los reyes sabios, que allí ha habido, a extender el poder, y a hacer formidable la Gran Bretaña. En Rusia las dos Catalinas han perfeccionado el esplendor que comenzó Pedro el Grande. Y se pudieran citar otras, que en un dominio menos extenso, que los que acabamos de referir han acreditado su aptitud para el gobierno.

14° La prudencia no es prenda tan ajena del sexo, que no se halle en muchas mujeres. Dejando aparte la que es necesaria para los negocios públicos, hallaremos la común y regular en muchas casadas. ¿Cuántos ejemplos se pudieran citar en la república de las familias, en que una mujer disimula, y aun oculta los defectos de su marido, en el manejo doméstico? Pero el ser tan frecuentes estas virtudes, parece que las hace menos atendidas.

15° El valor se tiene regularmente por prenda particular, y genérica de los hombres; con todo tiene sus excepciones, como la hermosura en las mujeres: Vemos hombres hermosos, y mujeres feas, mujeres valientes y hombres cobardes, para que se verifique que no hay prenda, que no sea común a entrambos sexos. En cuanto a la valentía, sino ha habido tantas mujeres como hombres, que se han distinguido en ella, ya se ve que consiste en la diferente crianza de los unos, y de los otros, pero no sé qué inclinación oculta tienen las primeras, que siempre han mirado con horror a los cobardes, y pusilánimes. Esta observación sola, pudiera acreditar, que si no ejercitan el valor, por lo menos lo aman, y lo prefieren siempre; pero lo han ejercitado, cuando se han visto en precisión de ello; ejemplo tenemos en las mujeres de los persas, a quienes se debió principalmente la victoria, que ganaron éstos contra Ciro; en las sabinas que decidieron el triunfo a favor de los romanos; en las Matronas Romanas, que salvaron a Roma del eminente peligro, en que la puso el ejército de Coriolano: en las saguntinas que pelearon valerosamente en defensa de su Patria, y para decirlo de una vez, en casi todas las historias, pues apenas hay una, que no conserve la memoria de algunas hazañas de las mujeres, cuando han visto la Patria en riesgo de perderse. No solo han hecho estas proezas, uniéndose muchas en un cuerpo; también ha habido heroínas, que han arrostrado a los peligros. Jahel mató a Sisara, Judit atravesó sola por medio del ejército de los asirios y mató a Holofernes. En España tenemos el ejemplo de Juliana de Cibo, que sirvió como soldado en la guerra de Granada contra los moros; de María de Estrada, que militó en las tropas de Hernán Cortés; de María Zontano, que asistió en el ejército destinado para la conquista de Argel, en tiempo de Carlos V.; y de María Pita, que tanto se señaló en el sitio que pusieron los ingleses a la Coruña, omitiendo otras muchas, por no ser posible mencionarlas todas en tan corto volumen. En el día no son desconocidas estas hazañas, pues ya se ha dicho, que la princesa de Askoff, que preside ahora la Academia Real de Petersburgo, ha mandado antes las tropas rusas. Actualmente hay en Francia una señora escritora que habiendo disfrazado su sexo, y corrido el mundo con el nombre del Caballero Eon, ha obtenido los títulos de censor real, doctor en ambos derechos, abogado del Parlamento, capitán de dragones y voluntarios del ejército, ayudante del mariscal duque de Broglio, caballero de la Real y Militar Orden de San Luis, secretario de Embajada en las Cortes de Rusia y de Inglaterra, y después ministro plenipotenciario en esta última, en cuyos empleos tan opuestos, y tan delicados se ha sabido manejar con una constancia, prudencia y discreción, que honraría al hombre más versado en negocios políticos y militares.

16°   De todos estos antecedentes, se infiere necesariamente, que si las mujeres tuvieran la misma educación que los hombres, harían tanto, o más que éstos. ¡Pero qué diferente es una de otra! A las primeras no se les enseña desde niñas sino a leer y a escribir, y a ciertas habilidades de manos. Se pone mucho cuidado en adornarlas, con lo cual, llegan a adquirir un cierto hábito de pensar siempre en la compostura exterior. De talento, si se les habla, como cosa por demás, de suerte que no sería mucho, que fuesen perdiendo la idea de ser capaces de otra cosa. Al contrario, a los niños, desde luego se les aplica, y se les hace aprender, antes que sepan lo que es estudio ni ciencia; oyen decir que hay universidades, que hay colegios y que hay empleos, para los que cursan éstos y aquéllas. De este modo crece con ellos y se les hace natural la aplicación y el estudio, y no tardan mucho en coger el fruto de sus tareas, en tantos premios, como hay repartidos. Si alguna mujer se dedica al estudio, es preciso, que lo haga por la ventaja y conveniencia, que le resulta a ella misma, pues sabe que no puede aspirar a ninguna recompensa. Mucha magnanimidad de espíritu se requiere, para emprender, y seguir la penosa carrera de las letras, por sola la complacencia de ilustrar el entendimiento. Sin embargo, vemos, que algunas mujeres tienen este heroísmo, y como sino se conociera aún todo el mérito, que consiguen las pocas, que esto hacen, se reconviene, y se reprende el sexo en general por su ignorancia; como si esto fuera defecto suyo, y no más presto defecto de la educación y circunstancia en que se halla.

17°   Es menester confesar, que ninguna cosa conocemos en sí misma, sino por comparación con otra. Sirva esta regla para medir la aptitud en ambos sexos, pero hágase un cotejo justo, esto es, entre un hombre y una mujer enteramente ignorantes. En este caso, pues, que es bastante frecuente, aun se hallará, que la segunda hace ventaja al primero en la viveza de imaginación, en la mayor prontitud para imponerse, y en la propiedad de las voces. Por el otro extremo, si se compara una mujer capaz e instruida, con un hombre sabio, el trato de aquélla, no será menos agradable que el de éste, y puede ser que le exceda en cierta finura, que los hombres casi nunca adquieren. Por lo demás, si se hace el cotejo entre los que han estudiado mucho, y las que nada saben, no habrá que admirar la desigualdad, pero siempre que el caso fuere conforme, la consecuencia no será contraria a las mujeres, y éste es un testimonio concluyente de que la disposición intelectual es la misma.

18°   Por fin, el tiempo, y la necesidad las había acostumbrado, a la esclavitud que sufren en una parte del mundo, y a la dependencia a que se sujetan en la otra restante. Las primeras parecen conformes, con que se las despoje del uso de su razón, y las segundas con gozar de ella, aunque desterradas del premio y de la recompensa. La majestad del Cetro, la gravedad de la Toga, y los trofeos militares, se han ido haciendo unos objetos, que se presentaban a la vista de las mujeres, como para admirarlos, mas no para pretenderlos, porque el curso de los siglos, había quitado la novedad, que las causaría al principio ver cerradas todas las puertas al honor, y al premio. Pero no por eso se han de mostrar insensibles a todos los desaires que quieran hacerlas. Ninguno mayor, que el nuevo santuario o muro de división que se intenta formar en el día; más que santuario o muro de división es del que hablamos. Este es la Sociedad económica de Madrid la cual duda admitir mujeres en su ilustre Asamblea. ¿Por ventura los que se llaman amigos del país, podrán alejarlas? ¿Son acaso algunas espías esparcidas por el Reino, que puedan dar noticia a los extraños de cuanto se trabaje por su bien? ¿O son tan misteriosos, e intrincados los asuntos que se tratan en las Sociedades económicas que no puedan entenderlos sino los hombres? Nada de esto hay, pero la importancia del asunto, es igual, pues no se trata de menos, que de igualar a las mujeres con los hombres, de darlas asiento en sus Juntas, y de conferir con ellas materias de gravedad, cosa que parece fuera de orden y aun disparatada.

19° Si éste es el motivo de la oposición, también debe serlo suficiente para que las mujeres defiendan su causa, porque el silencio en esta ocasión, confirmaría el concepto que de ellas se tiene, de que no se cuidan, ni se interesan en negocios serios. A esta razón, que comprende a todas en general, se agrega la particular para la que escribe este papel, de que ha mucho tiempo tuvo la honra de ser admitida en una de las principales Sociedades económicas de este Reino, cuya distinción, por el grande aprecio que hace de ella, quisiera ver extenderse a otras muchas de su sexo, para que fuera igual en ambos el empeño de desvelarse en bien de la Patria.

20°   La cuestión, que se trata en la Sociedad económica de Madrid, sobre conceder o negar la entrada en ella al bello sexo, ha ejercitado las plumas de dos Socios tan recomendables por su elocuencia, como por su talento, y aunque los dictámenes son contrarios, no se puede negar que ambos fundan el suyo en razones ingeniosas y bien probadas, pero como cada uno tiene derecho a su defensa, no podrán sentir estos Señores, que haya una, o más mujeres que tomen partido en una causa de tanta importancia para todas. La ventaja que llevan los hombres en este particular, no es menor que la que va de ser juez a abogado: nuestra sentencia está en sus manos, si se decide, que seamos admitidas a sus conferencias, dirán siempre que nos hicieron esta gracia, si nos niegan la entrada, ya se ve quanta superioridad encierra este procedimiento, pero no por eso hemos de desmayar, mientras no esté concluido el pleito.

21°   El recomendable Socio, que se opone a la admisión de las mujeres, funda su dictamen, en que admitidas unas, se extenderá la gracia a todas, lo cual será al principio, en mucho perjuicio de la Sociedad, y al fin podrá causar su ruina. No niega que puede haber alguna, capaz de grandes combinaciones, de una constante meditación, de la constancia y sigilo necesario, pero hace comunes, y propias al sexo la petulancia, los caprichos, la frivolidad, y las pequeñeces. No halla edad, en que puedan ser las mujeres convenientes, porque en la niñez, y juventud serían inútiles, y perniciosas, en la vejez, molestas y pesadas. Dice más, que solo irían a aumentar el tumulto, y desorden de las Juntas, y no a ilustrarlas, porque carecen de principios elementales, como necesita este cuerpo. Aún su contribución pecuniaria es despreciada, si supone primero la admisión de esta clase.

22° No se puede alabar bastantemente la rigidez de un Socio, que en medio de la corrupción de que se queja en el siglo presente, conserva libre su corazón para juzgar a los dos sexos, sentenciando abiertamente contra el que llama halagüeño. ¡Ejemplo digno de imitación por cierto! Pero si los hombres empiezan a santificarse de esta manera, ¿por qué no los seguiremos en cuanto nos sea posible?

23° Es seguro que todas las mujeres no deben ser admitidas a la Sociedad, como tampoco son del caso para ella todos los hombres. Pero supuesto que nuestro impugnador no niega que hay algunas capaces de grandes combinaciones, de una constante meditación, de la constancia y sigilo necesario, sería declarada injusticia confundir a éstas en una misma sentencia con las petulantes, caprichosas y frívolas. El elegir y distinguir aquéllas de éstas, toca a los que gobiernan el cuerpo. Señalen leyes estrechas, y precisas, y no se aparten nunca de su observancia. Confundir al reo con el inocente, al sabio con el ignorante; es el colmo de la tiranía, y los *Amigos del País* no deben ser nunca sus tiranos. Dígase por ejemplo, que si una mujer tuviere las prendas arriba indicadas, o fuere más aplicada que las otras, si presenta a la Sociedad una memoria digna, sobre cualquiera de los puntos que ésta abraza, o si hace algún descubrimiento en beneficio del país; en una palabra, dígase, que la que lo merezca, será admitida Socia, y podrá concurrir siempre que quiera. De este modo, ni los Señores que componen la Junta, tendrán facultad de admitir sino a las mujeres que lo merezcan, ni éstas solicitarán esta distinción como hermosas, ni como petimetras, sino como aplicadas, y útiles a la Patria. Si lo que ahora las aparta, es su continua distracción, y puerilidad, los *Amigos del País*, deben trabajar en corregir estos defectos, y se remediará el daño. Señalen premios, y estímulos a las mujeres aplicadas y laboriosas: sea uno admitirlas a la Sociedad, y entonces es natural que procuren merecerlo. Mientras no se haga así, y se las considere como un miembro podrido, o separado del cuerpo Social, ¿qué progresos pueden hacer? Ya sabemos cuanto influjo tiene en todo la opinión; y así la mala, en que los hombres tienen ahora a las mujeres, es suficiente para mantenerlas siempre en la ignorancia.

24° La que sea digna del título de Socia, por las razones que acabamos de decir, también sabrá guardar el sigilo que le corresponda, porque el creer, que todas las mujeres son habladoras indiscretas, tiene muchas, y muy justas excepciones. Baste reflexionar de paso, que sin entrar a las deliberaciones de los Tribunales, de los Consejos, de las Academias, ni Sociedades, no hay conferencia en todos estos cuerpos por secreta que sea, que no llegue a divulgarse, citando muchas veces hasta los sujetos, que fueron de este dictamen o del otro. No son seguramente aquellas, las que revelan estos misterios de Estado, o de gobierno, o de política, en que no intervienen. Siendo pues, los hombres los que los publican, no digamos, que el sigilo es un carácter distintivo de su sexo. Por el contrario, se pudieran citar tantos, o más ejemplos de la sabiduría, prudencia y valor de las mujeres, como de su constancia en guardar secreto, pero son tan obvios, que cualquiera lo sabe. Yo diría, que siendo este un efecto regular de la discreción, la persona en que ésta se halle, sea hombre o mujer, sabrá guardarle. Con que si la Sociedad atiende a las calidades, que se han dicho para admitir mujeres, no debe dudar, que añadirá a ellas la de la prudente reserva quizá mejor, que los hombres, quienes, o por la emulación de los empleos, o de los talentos, refieren lo ocurrido a sus Juntas.

25º Pensar, que la concurrencia de las mujeres, sería perniciosa por los vicios que introducirían en las costumbres de las costumbres de los Socios, es una suposición harto fatal a entrambros sexos. Es digno de alabanza el celo del que quiere desterrar al vicio, y precaver su general comunicación, pero no pretendamos imposibles. ¿Acaso la modestia, y retiro de las antiguas, que tanto se encarece, las libró de los asaltos de los hombres? Buen ejemplo tenemos en las historias sagradas, y profanas, y en las costumbres de nuestros mayores. ¿Cuándo han sido más frecuentes los homicidios, los asesinatos, las violencias, y los raptos, que cuando las mujeres estaban encerradas y guardadas con candados? A otros tiempos han sucedido otras costumbres no podemos decir mejores, pero no será difícil probar en buena filosofía, que si las dificultades aumentan los deseos, la facilidad los amortigua. Es constante, que a hombres, y a mujeres convendría vivir enteramente separados, pero debiera ser esta separación total, y para siempre mientras esto no se consiga, y queden como ahora sucede, mil motivos de juntarse, no digamos, que el añadir uno tan digno, sea la destrucción del género humano. Las Juntas de la Sociedad necesariamente se han de componer de muchos, y entre muchos no hay peligro de disolución. El recato no se ha extinguido, como se extinguen otras virtudes: todos quieren parecer buenos aunque no lo sean, y esto conserva la debida decencia en las concurrencias. Con que si en otras no hay abuso, ¿por qué lo habría en ésta? ¿Es posible que los hombres que allí asisten a tratar del bien común, se habían de trocar en un instante en libertinos? ¿No hay freno, ni respeto en tales Asambleas? Mas siendo cierto que lo hay, no debe temerse más peligro, que el que se advierte en todas las ocasiones que tienen de verse los hombres, y las mujeres; cuyo peligro no las prohibe absolutamente porque es necesario juntarse algunas veces, y porque el vicio de un particular no debe, ni puede destruir el bien general. Luego si las mujeres pueden ser útiles de alguna manera a la Sociedad, no hay razón para separar las de ella por un inconveniente remoto que no impide otras Juntas semejantes.

26° Ni tampoco lo será el pretender, que carecen de conocimientos elementales, en las materias de que tratan las Sociedades. Yo quisiera saber, cuántos de los hombres que a ellas concurren, tienen estos conocimientos elementales, y con todo asisten, y dan su voto. Los puntos que abraza la Sociedad son casi todos de hecho, por que cotejar entre las obras del extranjero, y nuestras, para ver lo que se puede adelantar, y decidir sobre las manufacturas que se presentan, son cosas que cualquiera que tenga ojos, y una mediana razón, sabrá entenderlas; hacer nuevos inventos en las artes, perfeccionar los conocidos, estimular a los fabricantes, labradores, y artesanos, a que trabajen con ventaja, y con perfección, calcular lo que falta en un país, y traerlo de otro en cambio de su sobrante por medio de un sabio comercio, aunque son cosas que piden meditación, y noticias, no son materias tan abstractas, que no las pueda comprender la mujer que tenga talento regular. Basta que haya en la Junta quien sepa proponer estas especies con orden, claridad y distinción, para que las entiendan los demás.

27°   Cuando se erigieron las Sociedades económicas, pocos eran los que sabían, qué asuntos podían pertenecerles. Con todo muchos se alistaron a ciegas, llevados más de la curiosidad que produce un establecimiento nuevo, y de la gloria de ver alistados sus nombres, con otros que tenían por ilustres, que de amor a la patria, ni deseo de su felicidad. Enterados con el tiempo del objeto de estos establecimientos, unos se aplicaron a estudiar estas nuevas materias, y otros dejaron de concurrir, desacreditando lo que no entendían, pareciéndoles esto más fácil, que instruirse. Sin embargo, en todas las Sociedades ha quedado un número competente de Individuos, que no tienen los principios elementales, que desea el ilustre Socio que se opone a la admisión de las mujeres, por esta ignorancia. Pero aún concedida ésta, comparada con la de algunos hombres, pudieran pretender la preferencia las mujeres, por la mayor facilidad con que se imponen en los asuntos, y por los primeros pensamientos oportunos que suelen tener, para resolver con ventaja ciertas dificultades.

28°   Si hubo vicio en los que se alistaron en las Sociedades sin la debida instrucción para ser útiles en ellas, también le hubo en los cuerpos, que admitieron a todos indistintamente, por acumular fondo de caudales, ya que no de luces. Esta pobreza de los cuerpos patricios, clama por el remedio, pero mientras no le haya por otros arbitrios, los obliga a aumentar el número de contribuyentes, sin examinar su mérito por otras circunstancias. Pero aun en esta clase, no le parece al socio nuestro impugnador, que pueden ser útiles las mujeres. Yo diría que si por otras razones es conveniente su admisión, contribuyen también con sus caudales. Los caudales que ahora se grita que disipan en el lujo, y en la vanidad, procúrese, que los apliquen en utilidad común, lo cual podrá verificarse siempre que se haga tomar interés por la patria, y por el Estado.

29°   El lujo es excesivo, y las mujeres le ocasionan: esto no admite duda: pero cuánto mayor es un desorden, tanto más preciso hace el remedio. Vemos que no bastan a ponerle las vehementes declamaciones de los predicadores, las sabias providencias del Gobierno, la pobreza de las familias, y la dificultad de los matrimonios: ¿pues, quien sabe, si sería más eficaz que todos estos, el interesar a las mujeres en el bien de la patria? Esto se conseguía, llamándolas a la Sociedad de los *Amigos del País*. Allí verían, cómo se desvelan unas gentes acomodadas, y empleadas en otros negocios, por la prosperidad de sus compatriotas. Verían que si premian al comerciante, al labrador, al fabricante, y al artesano, es para estimular a todos, y para que florezca en España el comercio, la agricultura, las fábricas, y las artes; con tales ejemplos no podrían mirar después con indiferencia la causa común.

30°   El objeto de las Sociedades, no puede ser más justo, pero para que tengan el complemento que desean son menester dos cosas, la primera, que los unos se apliquen a trabajar y perfeccionar sus labores, la segunda, que estos trabajos, y labores tengan despacho, porque de otra suerte ninguno quiere atarearse en hacer lo que después no ha de vender. Si se pretende dar fomento a nuestras artes, y fábricas, es necesario, que nos contentemos con lo que aquí se trabaja. Al principio se hará violento tomar lo menos vistoso, y de peor gusto, dejando los géneros extranjeros, que exceden en ambas calidades; pero si no empezamos por este sacrificio del gusto ofrecido en las aras del amor patriótico, nunca florecerán nuestras labores. ¿Y estas labores, que ha introducido, y a que da valor el lujo, no son generalmente las que forman el adorno de las mujeres? Pues a éstas conviene interesar, para que se adornen a menos costa, o sus caudales no redunden a beneficio del extranjero, vistiéndose de géneros del país. Su concurrencia a la Sociedad, podrá inspirarles estas máximas, ventajosas al Estado: allí oirán los perjuicios que acarrea su extremado lujo, y los medios de evitarlo. Pídaseles, que contribuyan a la patria con sus luces, con sus manos, y con sus caudales. No duden los hombres, que todo esto ofrecerán las mujeres, si ellos les dan parte en sus resoluciones, y las estimulan a pensar en el bien general que tanto muestran que apetecen.

31°   Otro Socio igualmente que el primero por su mérito, y circunstancias, ha escrito aprobando la admisión de las mujeres en la Sociedad. Dice que el pensamiento no es nuevo, que se suscitó desde los principios, y que tuvo patronos ilustres, pero que a pesar de esto, no tuvo efecto por entonces, esto es, no se resolvió con la formalidad que pedía la materia. Encarece el mérito de las dos Señoras que han sido ya admitidas. Indica las reglas que se deben seguir para la admisión de otras, mediante las cuales, no parece que se puede temer ningún desorden en este punto. No aprueba, que una vez admitidas, se les cierre la entrada a las Juntas, y concluye con aprobar que su asistencia es conveniente a la Sociedad, y a las mismas mujeres; a éstas, porque las anima a emplear bien sus talento, y a aquélla; porque le suministra un aumento de luces, y de caudal, que se invierta en sus loables fines.

32°   A la verdad, es digno de perpetuo reconocimiento de parte de las mujeres, el ilustre Socio, que se ha atrevido a tomar su defensa. Las razones en que la funda, y la delicadeza de su estilo, todo tiene un mérito muy particular. Las gracias más enérgicas que podemos darle, son trabajar por ponernos en el caso que desea, para hacer justa nuestra admisión, la cual nosotras mismas debemos anhelar que solamente se conceda al mérito, a la aplicación, y a la virtud.

33°   Después de un Apologista tan digno, debe parecer fría cualquiera otra defensa en favor de las mujeres, pero este temor no me ha desanimado, antes me confirma en la bondad de la causa, porque sola esta razón pudiera arrastrar a protegerla al Socio nuestro partidario y a los sujetos que fueron del mismo dictamen, cuando se propuso a los principios. Grandes son sin duda las calidades de las dos señoras que ha admitido la Sociedad de Madrid, por lo tanto merecen ser las primeras, y las que han obligado a salvar la ley no promulgada todavía en favor de su sexo, pero extiéndase también a otras, que tengan las calidades ya mencionadas. Para la Sociedad deben serlo además de todo lo expuesto en este papel, la mayor inteligencia, que tienen las mujeres respecto de los hombres, en varias materias, que se le presentan cada día, y que deben promover, como importantes al bien general. Tales son los hilados, los tejidos, los encajes y todas las labores propias del bello sexo. Todos estos ramos será casualidad, que los entiendan algunos de los hombres, y deben saberlo todas las mujeres. Unidos unos y otros en una Junta, al que preside toca emplear a cada uno en los que entienda. No será menester más para rectificar muchas cosas, porque felices fueran las artes, si solo tratasen de ellas los artífices.

34°   Concluyamos, pues, de todo lo dicho que si las mujeres tienen la misma aptitud que los hombres para instruirse; si en todos tiempos han mostrado ser capaces de las ciencias, de la prudencia, y del sigilo, si han tenido y tienen las virtudes Sociales; si su aplicación puede ser conveniente a ellas mismas y al estado; si puede ser un remedio a los desórdenes que tanto se gritan, el aplicarlas a los asuntos que comprende la Sociedad; si el peligro, que amenaza a ésta de su concurrencia es remoto; y aun éste puede precaverse, no admitiendo sino a las que sean verdaderamente dignas de ello; si no es nuevo en el mundo que intervengan a las deliberaciones; si actualmente ocupa una mujer la Presidencia de las ciencias en una Corte de Europa, que es más que sentarse como individuo en un cuerpo, las materias que trata nunca son tan abstractas; y si en fin se trata de hacerlas amigas del país, lo cual sería en mucha utilidad éste, con tales hipótesis, lejos de ser perjudicial la admisión las mujeres, puede y debe ser conveniente.

Zaragoza y Junio 5 de 1786. Josefa Amar.

Libros a la carta

A la carta es un servicio especializado para
empresas,
librerías,
bibliotecas,
editoriales
y centros de enseñanza;
y permite confeccionar libros que, por su formato y concepción, sirven a los propósitos más específicos de estas instituciones.

Las empresas nos encargan ediciones personalizadas para marketing editorial o para regalos institucionales. Y los interesados solicitan, a título personal, ediciones antiguas, o no disponibles en el mercado; y las acompañan con notas y comentarios críticos.

Las ediciones tienen como apoyo un libro de estilo con todo tipo de referencias sobre los criterios de tratamiento tipográfico aplicados a nuestros libros que puede ser consultado en Linkgua-ediciones.com.

Linkgua edita por encargo diferentes versiones de una misma obra con distintos tratamientos ortotipográficos (actualizaciones de carácter divulgativo de un clásico, o versiones estrictamente fieles a la edición original de referencia).

Este servicio de ediciones a la carta le permitirá, si usted se dedica a la enseñanza, tener una forma de hacer pública su interpretación de un texto y, sobre una versión digitalizada «base», usted podrá introducir interpretaciones del texto fuente. Es un tópico que los profesores denuncien en clase los desmanes de una edición, o vayan comentando errores de interpretación de un texto y esta es una solución útil a esa necesidad del mundo académico.

Asimismo publicamos de manera sistemática, en un mismo catálogo, tesis doctorales y actas de congresos académicos, que son distribuidas a través de nuestra Web.

El servicio de «libros a la carta» funciona de dos formas.

1. Tenemos un fondo de libros digitalizados que usted puede personalizar en tiradas de al menos cinco ejemplares. Estas personalizaciones pueden ser de todo tipo: añadir notas de clase para uso de un grupo de estudiantes, introducir logos corporativos para uso con fines de marketing empresarial, etc. etc.

2. Buscamos libros descatalogados de otras editoriales y los reeditamos en tiradas cortas a petición de un cliente.

LK

www.ingramcontent.com/pod-product-compliance
Lightning Source LLC
Chambersburg PA
CBHW020442030426
42337CB00014B/1357